CATALOGUE

D'une belle Collection de Tableaux, Dessins et Estampes modernes, des Écoles française, anglaise et hollandaise,

PROVENANT DU CABINET DE M. A***.

PAR SCHROTH.

DONT LA VENTE

Se fera rue et pavillon de l'Échiquier, n⁰. 34, le Lundi 20 Avril et Jours suivans, à six heures et demie du soir.

L'EXPOSITION GÉNÉRALE

Aura lieu dans ledit Local, le Dimanche 19 et le Lundi 20 Avril, de midi à quatre heures.

LE PRÉSENT CATALOGUE SE TROUVE A PARIS,

Chez MM. {
SCHROTH, Marchand de Tableaux et de Dessins modernes de S. A. R. Madame, Duchesse de Berri, rue de la Paix, n⁰. 18;
PETIT, Commissaire-Priseur, rue de Gramont, n⁰. 23.

Février 1826.

AVERTISSEMENT.

La Collection que nous présentons au public, est du nombre de celles qui sont remarquées avec un vif intérêt, non seulement par la beauté des objets qui la composent, mais encore par la rareté de plusieurs d'entre eux, qui attestent le bon goût de l'amateur qui les a choisis. Parmi eux l'on distingue deux Esquisses, l'une par David, représentant Psyché abandonnée, et l'autre, par Prudhon, représentant le Christ et les saintes Femmes : la simple inspection de ces deux précieux tableaux suffit seule pour en faire l'éloge ; nous nous abstiendrons donc d'en faire ressortir le mérite, ainsi que de parler de celui de la Collection, persuadé que les amateurs en apprécieront toutes les beautés. Parmi les tableaux des jeunes artistes récemment enlevés aux arts, les amateurs en remarqueront sûrement deux de Géricault et de Truchot, le premier représentant un Trompette de Lanciers hollandais, et l'autre un Intérieur de l'Abbaye des Prés-Saint-Gervais; et ils retrouveront dans ces deux productions tout le mérite qui a valu à leurs auteurs une réputation si justement méritée.

La Collection des Dessins est du meilleur choix possible, et se compose d'Aquarelles, Lavis à la sépia et à l'encre de la Chine, des premiers artistes français et anglais, dont la plus grande partie peut être placée dans de grands et petits album, et quelques autres tenir une place distinguée dans des cabinets, à côté des peintures les plus vigoureuses.

Tous les Tableaux qui composent cette Collection sont en général très richement bordés.

CATALOGUE

DE TABLEAUX, DESSINS

ET GRAVURES.

TABLEAUX.

1   M. Charles ARROW-SCHMITH. In- *420*
térieur de Cave de maraicher; dans le fond
est une porte ouverte, à travers laquelle
l'on voit la campagne; sur le devant une
paysanne assise, peinte par M. L. Cogniet.

2   par le même. Intérieur d'une Église à *280*
Charonne.

3   par le même. Intérieur d'un Cellier; sur le *240*
devant un chien attaché s'élance sur des rats.

Les Tableaux de cet artiste, peu connu
encore, fixeront sûrement l'attention des
amateurs, par la manière ferme avec laquelle ils sont exécutés, et surtout par la
beauté de leur couleur.

4   M. BAPTISTE. Le Blanchisseur.

5   PAR LE MÊME. Les Tailleurs de pierre.

6   PAR LE MÊME. Porteur d'eau.

7   PAR LE MÊME. Mendiant.

8   M. H. BELLANGÉ. Les Chasseurs et la Laitière.

9   M. BOUTON. Intérieur éclairé par une croisée, dans le fond et devant laquelle est un autel en ruines. Très jolie esquisse.

10   M. BONINGTON. Vue de Mantes; sur le devant, la Seine chargée de bateaux et de mariniers.

11   PAR LE MÊME. Plage; sur le devant un chariot flamand.

12   M. CONSTABLE. Vue d'un Canal en Angleterre; sur le premier plan l'on voit des barques et des mariniers occupés à les ranger. Ce Tableau, peint d'une manière large et vraie, a été exposé au dernier salon et a fixé l'attention des artistes et des amateurs.

13   PAR LE MÊME. Vue d'Hampsteadt-Heath.

14   PAR LE MÊME. Autre Vue du même endroit; dans le fond l'on voit la ville de Londres.

15   PAR LE MÊME. Marine avec plage et jetée
à la suite.   900

16   PAR LE MÊME. Autre. Des matelots amar-
rent leurs chaloupes.   600

17   PAR LE MÊME. Paysage ; effet de soleil   800
couchant. Ce Tableau, ainsi que tous les
précédens, sont d'une richesse et d'une
harmonie de ton qui ne le cèdent en rien à
ceux qui ont été exposés au dernier salon.

18   M. L. COGNIET. Femme de brigand
napolitain ; elle est entourée de malles ou-
vertes, et regarde avec plaisir des chiffons
qui y étaient renfermés ; très joli tableau.

19   M. D'AGNAN. Études d'après nature.

20   DAVID. Psyché abandonnée. Sur un lit
antique, Psyché, nue et à demi-couchée,
est dans l'attitude du désespoir ; à ses pieds
sont le poignard et la lampe dont elle s'était
munie. Les amateurs remarqueront sûrement cette production de notre grand artiste, récemment enlevé aux beaux-arts,
dont il fut le régénérateur et le soutien. Ce
Tableau, de petite dimension, est peint
d'une manière large et ferme, et ne peut que
tenir une place très distinguée dans un
cabinet.

21 PAR LE MÊME. Vue de Suisse.

22 M. DEMARNE. L'auteur s'est plu à enrichir ce petit Tableau ; on y trouve des eaux transparentes et plenes de mouvement, de petites figures touchées avec esprit, un site agréable orné d'un pont et de fabriques d'un joli ton ; il était difficile d'y mettre plus de variété et d'intérêt.

23 M. DELACROIX. Un Brigand ; il est assis et appuyé contre un rocher, et tient son fusil entre ses jambes.

24 M. Paul DELAROCHE. Les Enfans surpris par l'orage. Deux jeunes Filles, au milieu d'un chemin et sans aucun abri, ont été surprises par un orage. La foudre tombe et inspire à la plus jeune une frayeur qui lui fait chercher un refuge sous le tablier de la plus grande, qui, les yeux remplis de larmes, regarde le ciel d'un air suppliant. Ce Tableau, d'une moyenne dimension et d'une exécution soignée, ainsi que toutes les productions de l'auteur, sera remarqué par les amateurs, qui retrouveront toutes les qualités qui ont distingué cet artiste à la dernière exposition.

25 PAR LE MÊME. Jeanne d'Arc interrogée

par le cardinal de Winchester , qui , irrité
de ses réponses, la menace des peines éter-
nelles. Ce Tableau, qui est une répétition
de celui qui a été exposé au dernier salon,
ne lui est inférieur en rien ; il est d'une
couleur mâle et vigoureuse.

Le propriétaire, faisant exécuter une gravure d'après ce tableau , on annoncera en
le mettant sur table l'époque à laquelle il
sera livré à l'adjudicataire.

26   MM. P. DELAROCHE et EUG. LAMI.
Le cuirassier. Un cuirassier a enlevé un dra-
peau à l'ennemi; il le tient d'une main et
de l'autre il défait les collières de son cas-
que.

27   GÉRICAULT. Trompette des lanciers
hollandais de la vieille garde.

28   PAR LE MÊME. Lions dans une caverne.

Les amateurs trouveront dans ces deux
Tableaux la mâle énergie et la fermeté qui
caractérisent les productions de cet artiste
trop tôt enlevé aux arts.

29   M. GASSIES. Vue d'un lac en Écosse.
29   Marine. Dans le fond , à droite, l'on
aperçoit la côte, et sur le devant l'on voit

une chaloupe dans laquelle sont des matelots qui hissent des voiles.

30   PAR LE MÊME. Plage. Effet de brouillard ;
sur le devant est une chaloupe abandonnée
par la marée.

31   PAR LE MÊME. Vue du lac Lhomond. Sur
le devant, un dessinateur parle à des Écos-
sais étendus sur des rochers.

32   PAR LE MÊME. Deux petites vues d'Écosse.

33   PAR LE MÊME. Le champ de blé.

34   M. E. LAMY. Halte de troupes en Égypte.
Sur le premier plan, des soldats exténués
de fatigue sont étendus par terre ; plus loin,
des généraux à cheval sont arrêtés et font
signe à des détachemens éloignés de faire
halte ; en avant d'eux, le général en chef
parle aux soldats. Tableau d'un ton chaud
et harmonieux.

35   M. X. LEPRINCE. Les petits Savoyards.

36   PAR LE MÊME. Le Modèle. Il parle à un
jeune enfant qui a un portefeuille sous son
bras.

37   M. Léopold LEPRINCE. Chasseur se
reposant sous des rochers. Tableau de la
Société des Amis des Arts ; 1822.

38   M. LINTON. Marine. Fin d'une tem-
pête ; sur le devant, l'on voit une chaloupe
brisée sur la plage, et partie d'un vête-
ment accroché sur un rocher.

39   MICHALON. Le brigand Mazzochi. Il
est debout et appuyé sur son fusil ; dans le
fond, l'on aperçoit au détour d'une route,
près d'un rocher, un autre brigand en embuscade.

40   M. MAUZAISE. Napoléon à l'île St.-
Hélène.

41   M. MONTHELIER. Intérieur de l'abbaye de Montmartre.

42   PRUDHON. Esquisse terminée du
Christ. Ce petit Tableau, qui est encadré
avec un très grand soin, se distingue par
la suavité et la grâce du pinceau, qualités
qui ont à si juste titre placé l'artiste au premier rang des peintres gracieux, et, malgré
que le sujet en soit grave, il a su lui con-
server avec un pinceau aimable, la sévérité
qui y convenait. Ce Tableau, par sa dimension et sa beauté, est du petit nombre
de ceux auxquels les amateurs ne peuvent
manquer de faire un accueil favorable.

80 43 M. RENOUX. Intérieur.

155 44 PAR LE MÊME. Intérieur de l'abbaye de Bonneval.

60 45 PAR LE MÊME. Vue prise à St.-Ouen.

60 46 M. REIGNIER. Étude de paysage.

100 47 PAR LE MÊME. Très jolie Étude d'après nature, à Montmartre.

52 48 PAR LE MÊME. Étude de rochers. Sur le devant, un chasseur assis à terre amorce son fusil.

175 49 M. REYNOLDS. Grand Paysage. Sur le devant une marre près de laquelle est une vache ; le fond garni de beaux arbres et de fabriques d'une très belle couleur, est d'une très grande richesse de ton.

180 50 PAR LE MÊME. Vue de l'église de Bagnolet.

105 51 M. ROBERT. Une Religieuse. Étude d'après nature.

401 52 M. J.-B. SEBRON. Intérieur d'une église.

175 53 M. STEPHANOFF. La Réconciliation. Une gravure d'après ce tableau étant commencée, on annoncera, en le mettant

sur table, l'époque à laquelle il sera livré à l'adjudicataire.

54   TRUCHOT. Ruines de l'ancienne abbaye de Belleville. Tableau d'une grande richesse de détails, et très argentin de ton.

Ce Tableau, l'un des plus jolis qu'ait produits l'artiste, ne peut manquer de fixer l'attention des amateurs.

55   M. VAN ASSCHE. Intérieur de forêt. Effet de soleil couchant.

DESSINS.

56   M. ALAUX. Intérieur du palais de la reine Jeanne; dessin à la sépia.

57   M. ADAM. Soldats en embuscade; dessin à la sépia; encadré.

58   M. C. BOURGEOIS. Vue du temple de l'Amour à Trianon.

59   PAR LE MÊME. Escalier du couvent de San-Cosimato.

60   PAR LE MÊME. Vue du moulin de Méréville, prise du côté du parc; dessin à la sépia; encadré.

61   M. BRUNE. Paysage composé et vue prise près de la barrière de l'Étoile; deux dessins à l'aquarelle.

62   M. BOUTON. Deux jolis petits dessins d'intérieur, à la sépia.

63   PAR LE MÊME. Porte gothique à travers laquelle l'on voit la continuation d'un bâtiment.

64   M. BONNINGTON. Deux jolies vignettes à l'aquarelle.

65   PAR LE MÊME. Vue d'un des forts de Boulogne; dessin à l'aquarelle.

66   M. BENTLEY. Paysage coupé par une rivière; dessin à l'aquarelle; encadré.

67   M. CARON. Paysage et fabriques éclairés par le soleil, aquarelle.

68   M. CHARLET. Grenadier à pied de l'ancienne garde; dessin à l'acquarelle encadré.

69   PAR LE MÊME. Guérillas sur une montagne; dessin aquarelle; encadré.

70   PAR LE MÊME. Le donneur d'eau bénite; dessin aquarelle; encadré.

71   PAR LE MÊME. Le joueur au tripot; des-
in a quarelle ; encadré.

72   PAR LE MÊME. La marchande d'œufs ; dessin à la sépia.

73   PAR LE MÊME. L'école d'arithmétique ;
dessin à la sépia.

74   PAR LE MÊME. Les habitués de café autour
du poële ; dessin à la sépia.

75   M. CHAUVIN. Vue de S.-Jean et S.-
Paul, à Rome ; dessin à la pierre d'Italie,
sur papier teinté rehaussé de blanc.

76   M. CONEY. Intérieur de la cathédrale
de Winchester ; très beau et grand dessin
à l'aquarelle ; encadré et recouvert d'une
glace.

77   M. CONSTABLE. Marine.

78   M. COX. Une marine hollandaise.

79   PAR LE MÊME. Une marine. Vue du port
d'Hastings.

80   PAR LE MÊME. Une marine. Vue de la
Tamise.

81   PAR LE MÊME. Une marine. Vue de la
Tamise.

82   M. DAGUERRE. Paysage.

83   J. J. DE BOISSIEU. Paysage, dessin
lavé à l'encre de Chine.

84   PAR LE MÊME. Marche d'animaux. Copie lavée à l'encre de Chine, d'après Berghem.

85   PAR LE MÊME. Intérieur de cave; étude d'après nature.

86   PAR LE MÊME. Les petits maçons; gravure à l'eau-forte, coloriée à l'aquarelle par l'auteur.

87   M. DELACROIX. Mort de Lara.

88   M. DEROIX. Deux dessins aquarelles, représentant l'un une vue de l'église de St.-Ouen, prise de la côte Ste.-Catherine, à Rouen, et l'autre une porte de la ville de Provins.

89   M. DELÉPINE. Moulin à eau, près d'une route; dessin à l'aquarelle.

90   M. A. DESMOULINS. Jeune Fille traçant des caractères sur l'écorce d'un arbre.

91   Jeune Homme posant une couronne de fleurs sur une tombe. Ces deux Dessins, à la sépia, sont encadrés.

92   DUPRESSOIR. Étude d'après nature, faite près de Saint-Denis.

93   DURAND. Groupe de fruits; dessins à l'aquarelle.

94   M. B. D'ORSHWILER. Vue d'une Vallée en Alsace; dessin à la sépia.

95   M. A. ENFANTIN. Paysage avec église et montagnes dans le fond ; sur le devant, un homme à genoux prie devant une pierre tumulaire.

96   PAR LE MÊME. Autre Paysage. Vue de Suisse.

97   PAR LE MÊME. Intérieur de Forêt avec marre et pêcheurs sur le devant.

98   PAR LE MÊME. Paysage, entrée d'un bois.

99   M. FRAGONARD. Trois Turcs assis près d'un feu, caché en partie par une roche ; très beau dessin lavé à la sépia et rehaussé de blanc.

100   PAR LE MÊME. Jeune Fille travaillant.

101   PAR LE MÊME. Autre.

102   PAR LE MÊME. L'Attention.

103   PAR LE MÊME. L'Admiration.

Ces quatre Dessins sont à l'estompe et encadrés.

104   M. FRANCIA. Vue des ruines de l'église de Saint-Bertin à Saint-Omer.

105   PAR LE MÊME. Intérieur de la même église.

106   PAR LE MÊME. Vue de l'église des jésuites à Saint-Omer.

107   M. C. FIELDING. Vue du château d'Harlech ; dessin à l'aquarelle, encadré, riche de sites et d'une très belle couleur.

108   PAR LE MÊME. Marine. Effet de soleil couchant ; dessin à l'aquarelle, encadré.

109   PAR LE MÊME. Vue de marais, terminée à l'horizon par des montagnes éclairées par le soleil couchant.

110   PAR LE MÊME. Restes du temple de Jupiter Olympien à Syracuse ; dessin à l'aquarelle.

111   PAR LE MÊME. Vue d'un château dans le comté d'Herefordshire ; dessin à l'aquarelle.

112   M. FRÉDÉRIC FIELDING. Vue de la forteresse de Scaccia et des eaux thermales ; dessin à l'aquarelle.

113   PAR LE MÊME. Vue de côtes et plages.

114   M. NEWTON FIELDING. Marine ; sur la plage un pêcheur de crevettes.

115   PAR LE MÊME. Paysage avec moulin à vent et bestiaux près d'une marre.

116   PAR LE MÊME. Autre, avec cerf et biche.

117   M. le baron GERARD. Silène lié par des bergers ; sujet fait pour le Virgile imprimé par M. F. Didot.

118 GÉRICAULT. Chevaux de brasseur, rentrant à l'écurie. Dessin à la sépia.

119 PAR LE MÊME. Autres dételés d'un tombereau ; dessin à la sépia.

120 PAR LE MÊME. Autres à l'écurie ; dessin à l'aquarelle.

121 PAR LE MÊME. Le Fardier ; des chevaux attelés à un chariot le tirent avec effort à une montée ; dessin à l'aquarelle.

122 PAR LE MÊME. Persans à cheval en route ; dessin à l'aquarelle.

Tous ces Dessins sont bien encadrés et recouverts de glace.

123 PAR LE MÊME. Nègre à cheval, dessin à l'aquarelle sur papier teinté.

124 PAR LE MÊME. Grenadier à cheval ; petit dessin à l'aquarelle, très soigné.

125 L. GUDIN. Le Naufragé.

126 PAR LE MÊME. Le Bandit.

127 M. T. GUDIN. Marine ; dessin lavé à la sépia.

128 M. GUYOT. Vue de l'Ile Barbe, près Lyon ; dessin à l'aquarelle.

129 M. GOBLAIN. Vues de la cathédrale de Pont-à-Mousson et d'une partie de la ville d'Amiens ; deux dessins à la sépia.

130   PAR LE MÊME. Vues de l'église de Dammartin, de la barrière des Martyrs, et des restes du château de Katzenthal; trois dessins à la sépia.

131   M. GRANET. Intérieur de la maison de la Fornarina ; dessin à l'aquarelle.

132   PAR LE MÊME. Intérieur de cloître; dessin à la sépia.

133   AUGUSTE GARNEREY. Stratonice et Antiochus; dessin à la sépia.

134   M. GIONTOTARDI. Intérieur d'un palais; Figures par M. Horace Vernet; dessin à l'aquarelle.

135   M. E. ISABEY. Marine couverte de bâteaux pêcheurs ; dessin à l'aquarelle.

136   M. JOLY. Intérieur de forêt traversé par un ruisseau; dessin à la sepia.

137   PAR LE MÊME. Cascade; dessin à la sépia.

138   PAR LE MÊME. Vue prise dans les Champs-Élysées; dessin à la sépia.

139   PAR LE MÊME. Paysage composé; dessin à l'aquarelle.

140   M. JUILLERAT. Verrerie suisse; dessin à l'aquarelle.

141   LANGENDYCK. Embarcation de chevaux ; dessin à l'encre de la Chine.

142   M. LECAMUS. Torrent; dessin à l'a-
quarelle.

143   M. Hippolyte LECOMTE. Valentine
de Milan; dessin à l'aquarelle.

144   PAR LE MÊME. Paysage d'après Winantz;
dessin à l'encre de la Chine.

145   M. X. LEPRINCE. Paysage coupé par
une rivière; sur le devant des pêcheurs en
bâteau retirent leurs filets.

146   PAR LE MÊME. Marche d'animaux; effet de
soleil couchant.

147   PAR LE MÊME. Paysans devant leur chau-
mière, parlant à un voyageur à cheval.

148   PAR LE MÊME. Paysages, etc.

149   M. Sébastien LEROY. Vue d'un parc;
copie d'après Wouwermans.

150   M. MARTINET. Vue du bois de Boulogne à Auteuil; dessin à l'aquarelle, avec
une grande quantité de figures.

151   PAR LE MÊME. Cavalier faisant la charité.

152   PAR LE MÊME. Vue de l'ancien manoir de
Château-Thierri.

153   NICOLLE. Tribune de l'église de SS.-
Jean et Paul, à Rome.

154   PAR LE MÊME. Oratorio à Rome.

155   M. OWEN. Quatre Marines; dessins à la sépia.

156   PAR LE MÊME. Cinq autres; dessins à l'aquarelle.

157   PARIS. Intérieur de palais; dessin légèrement lavé à l'aquarelle.

158   M. PIGAL. Les Commères; dessin à l'aquarelle.

159   M. PROUT. Deux Marines: dessin à l'aquarelle.

160   PAR LE MÊME. Marine vue à travers des rochers; dessin à l'acquarelle.

161   PAR LE MÊME. Vne d'Utrecht; grande et belle aquarelle encadrée et recouverte d'une glace.

162   M. RENOUX. Vue d'une église; dessin à la sépia.

163   M. ROWLANDSON. Combat de chiens; caricature anglaise.

164   M. RUMEAU. Intérieur précieusement exécuté à l'aquarelle, avec la scène de Vert-Vert et la religieuse.

165   M. SERANGELY. Bérénice et Titus; dessin exécuté pour les Œuvres de Racine, imprimées par M. F. Didot.

166   M. STORELLI. Cascade à travers des rochers et des arbres renversés ; dessin à l'aquarelle.

167   M. STEPHANOFF. Le Manteau jeté devant la reine Élisabeth ; sujet tiré de ·Kenilworth.

168   PAR LE MÊME. Le Concert.

169   PAR LE MÊME. Le Couronnement du roi Georges IV.

170   PAR LE MÊME. Foire anglaise.

171   PAR LE MÊME. Marie Stuart.

Tous ces Dessins sont à l'aquarelle et encadrés.

172   SWEBACH. Choc de cavalerie, d'après Wouwermans ; dessin à l'encre de Chine.

173   M. THIENON. Vue des châteaux de Niort, Clisson et Cognac ; trois dessins à la sépia.

174   PAR LE MÊME. Paysage coupé par une rivière dans laquelle sont des baigneuses.

175   PAR LE MÊME. Vue prise à la Villa-Borghèse.

176   M. THIBAUT. Vue de Tivoli ; précieux dessin à l'aquarelle.

177   PAR LE MÊME. Paysage avec cascade sur arbres en travers ; dessin à la sépia.

178 PAR LE MÊME. Vue de Morfontaine; dessin à l'aquarelle.

179 M. le comte de TURPIN. Tombeau et Arc de triomphe antiques, à Saint-Remi.

180 PAR LE MÊME. Restes d'un monument antique; dessin très capital et encadré.

181 M. TOPFER. Paysages et rochers; sur le devant, une paysanne qui dort; dessin à la sépia.

182 PAR LE MÊME. Autre paysage à l'aquarelle.

183 PAR LE MÊME. Autre paysage à l'aquarelle, avec une tour dans le fond.

184 M. TAYLER. Tournois; sur le devant, deux chevaliers font la passe d'armes.

185 PAR LE MÊME. Quatre dessins, sujets de chasse.

186 PAR LE MÊME. Un fourgon.

187 PAR LE MÊME. Les sauteurs.

188 PAR LE MÊME, Le cheval entraîné.

189 PAR LE MÊME. Chasseur entouré de chiens.

190 PAR LE MÊME. Le bouchonnage.

191 PAR LE MÊME. La mort du renard.

192 PAR LE MÊME. La diligence anglaise.

193 PAR LE MÊME. L'écurie.

194   PAR LE MÊME. Les chevaux au vert.

195   PAR LE MÊME. Le tombereau.

196   PAR LE MÊME. La promenade.

197   PAR LE MÊME. La course.

198   PAR LE MÊME. Trois dessins, sujets gro-
tesques.

199   M. THOMAS. Scène de carnaval à
Rome ; trois masques sortent de chez un
traiteur en sautant.

200   PAR LE MÊME. Religieux italiens se sa-
luant.

201   PAR LE MÊME. Pifferari devant la Ma-
done.

202   M. WATELET. Paysage ; effet de
pluie ; dessin à l'aquarelle très vigoureux.

203   M. C. VERNET. Bataille d'Aboukir ;
dessin en forme de frise à la plume, lavé à
la sépia.

GRAVURES.

204   Un grand portefeuille contenant cinq
gravures en feuilles, d'après Wilkie, épreuves sur papier de Chine et avant la lettre,

et les eaux-fortes de ces mêmes gravures qui sont : Le Doigt coupé, le Payeur de rentes, le Musicien de village, les Politiques de village, le Colin-Maillard et la Lecture du Testament.

Ces épreuves, d'une très grande beauté, proviennent de la vente de M. Beckford, de l'abbaye de Fonthil.

205   Les bords de la Tamise épreuves, avant la lettre ; un vol. petit in-fol., relié en maroquin et doré sur tranches.

206   Le Don Quichotte, épreuves avant la lettre, sur papier de Chine.

207   Les côtes du sud de l'Angleterre, épreuves avant la lettre, extrêmement rares ; 14 livraisons, petit in-fol.

208   Le pélerinage de Cantorbéry, épreuves avant la lettre.

209   Divers objets, Tableaux, Dessins et Gravures, omis d'être décrits au catalogue, seront vendus sous ce numéro.

FIN.

Imprimerie ANTH^e. BOUCHER, rue des Bons-Enfans, n°. 34.